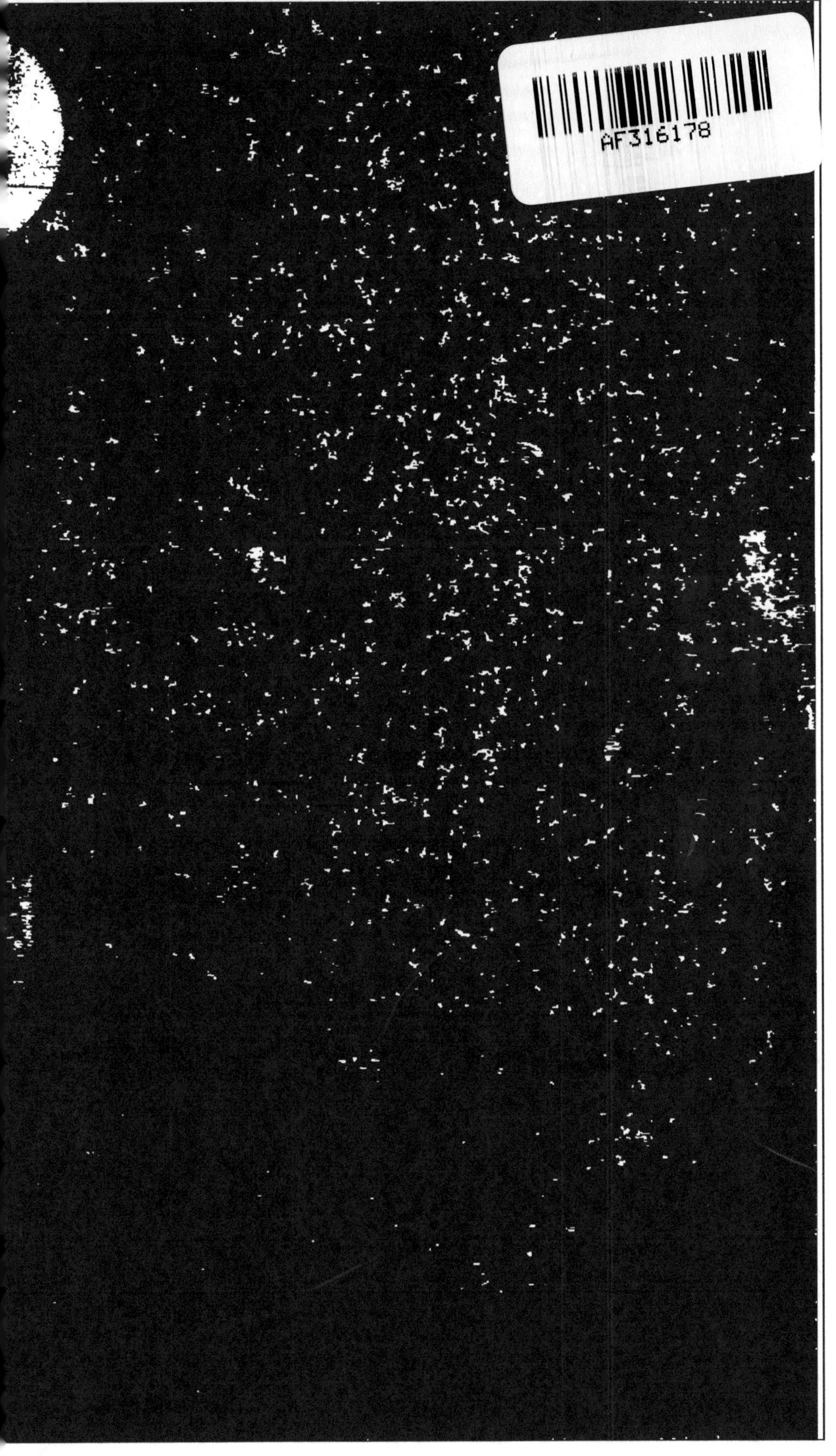
AF316178

DIONYS.   FRANC.
SECOUSSE; EQUES. IN. PARIS.
CURIA PATRO. ET É REG. HUMAN
LITTER. ACAD. 17

ABREGÉ
DE LA
GENEALOGIE
DE
L'ANCIENNE MAISON
DU PUY.

Porte d'Or, au chef émanché d'Or & de Gueule, à une bande de sable, chargée de trois Besans d'Or.

Le tout dressé sur Titres originaux, vieilles Chartres & Histoires.

A NANCY,

Chez NICOLAS BALTAZARD, Imprimeur de S. A. R. Marchand Libraire, proche le Collége des RR. PP. Jesuites.

M. DCC. XXXII.

ABREGE'
DE LA
GENEALOGIE
DE
L'ANCIENNE MAISON
DU PUY.

Porte d'Or, au chef émanché d'Or &
de Gueule, à une bande de sable, char-
gée de trois Besans d'Or.

Ette maison qui est fécondé en hommes illustres, a son origine inconnnuë, quoique plusieurs prétendent qu'elle est d'Auvergne, & que
d'autres croyent qu'elle est d'Anjou; il y en a même
qui la font descendre de celle de Raimond du Puy :
mais l'opinion la plus certaine, est qu'elle est originaire de France, & qu'elle est venuë s'établir
dans le Duché de Bar en 1400. par Jean du Puy,
qui y accompagna le Duc René I. qui l'envoya en
Cour de Rome, pour demander en son nom l'In-
vestiture des Royaumes de Naples & de Sicile.

Jean y fut reçû avec distinction, & le Souverain
Pontife lui fit présent du Coutelas de Jules César,

chargé de cette devise, *Julii Cæsaris sum.*

I. Pierre du Puy Seigneur de St. Germain en Forêts, est le premier de cette Maison dont on ait connoissance. Les auteurs qui en ont parlé n'ont point sçû sa mort ; mais il est à croire qu'elle arriva vers l'an 1348. Son petit-fils étant mort en 1400. Morery ou l'Imprimeur, qui en a eu le plus de connoissance, a même confondu la mort de Pierre avec celle de Hugues son petit-fils.

Dans le nouveau Morery on y voit la même erreur, à l'article de la branche de Bourbon-Soissons, page 347. où il met Catherine de Bourbon morte vers l'an 1650. tandis qu'en 1680. elle écrivit une lettre à François du Puy son cousin, dattée du 8. Fevrier.

II. Thomas du Puy, Seigneur de St. Germain & de Laval en Forêts, succeda à Pierre du Puy, & laissa pour son successeur Hugues du Puy qui suit, sous lequel cette maison s'est divisée en deux branches. Geofroy, dont je parlerai, fit la branche des Seigneurs de St. Germain, & Jean celle des Seigneurs de Gery & Loizey en Lorraine.

III. Hugues du Puy, Seigneur de St. Germain, épousa Antoinette de Chastelus, Maison qui a donné Claude de Chastelus Maréchal de France, Bisayeul de Philippe de Chastelus, pere de Loüis qui suit.

Loüis de Chastelus Vicomte d'Avalon, épousa Anne de la Rovere de Chamoy, & en eut Olivier de Chastelus Vicomte d'Avalon, qui épousa Margueritte d'Amboise, fille de Jacques d'Amboise, marquis de Renel, Seigneur de Bussy, & de Catherine de Beauveau. De ce mariage nâquit Hercule de Chastelus, Chevalier de l'Ordre du Roi, marié à Charlotte de Blaigny, fille de Pierre Baron de Blaigny, Chevalier de l'Ordre du Roi, & de Françoise d'Anglure.

Hugues du Puy laissa d'Antoinette de Chastelus Thomas du Puy Seigneur de Jourlieu; Etienne du Puy; François du Puy, General des Chartreux; Geofroy qui suit, & Jean du Puy qui changea ses armes en venant en Lorraine, prit un émanché d'or & de gueule que les descendans de cette maison continuent de porter avec les anciennes.

IV. Geofroy du Puy Seigneur de St. Germain, Capitaine Gouverneur de St. Galmier, épousa Françoise Trunel de laquelle il eut onze enfans, & entr'autres Pierre du Puy, Prieur d'Estivallailles & Chanoine de Notre-Dame de Montbrison; Antoine du Puy Prieur de Salles; Philbert du Puy Commandeur de l'Ordre de saint Antoine de Viennois, & Clement qui suit. Jacques du Puy premier du nom, Capitaine & Châtelain de saint Galmier, épousa Claire de Chalançon, dont il eut Loüis & Jacques du Puy II. du nom, qui s'allia avec Catherine de Villars: il en eut Claude du Puy Capucin, qui fut quatre fois Provincial; François aussi Capucin, & Catherine du Puy mariée à Nicolas de Pelouz Chevalier de l'Ordre du Roi & Gouverneur du Haut Vivarais.

V. Clement du Puy Seigneur de St. Germain & de Laval en Forêts, fils de Geofroy du Puy & de Françoise Trunel, épousa le 23. Juin 1539. Philippe de Poncet, fille de Jean de Poncet Seigneur de la Riviere & de Magdelaine Jayer Dame de Galande en Brie.

La Maison de Poncet est très-ancienne, elle a donné des Evêques & Comtes d'Alblys, Maîtres des Requêtes au Parlement de Paris.

Les enfans de Philippe de Poncet furent, Clement du Puy Provincial de la Compagnie de Jesus de la Province de France ; Claude du Puy qui suit, & Judith du Puy mariée à Claude Seguier, Sieur de la Veriere.

La Maison de Seguier est originaire du pays de Quercy, qui a donné des Evêques, & Pierre Seguier qui nâquit à Paris le 29. Mai 1588. Chancelier de France & Garde des Sçeaux des Ordres du Roy. Il n'eut que deux filles de Magdelaine Fabri son épouse ; l'aînée, nommée Marie, épousa en premieres nôces Cesar du Cambout Marquis de Coaslin, Colonel des Suisses & des Grisons, Lieutenant General des armées du Roi, & Gouverneur de Brest, qui fut tué d'un coup de Mousquet au siege d'Air en 1641. à la veille de recevoir le bâton de Marêchal de France que le Roi lui avoit promis : en secondes nôces le Marquis de Laval, aussi Lieutenant Colonel des armées du Roi. La seconde nommée Charlotte, fut mariée en premieres nôces à Maximilien-François de Bethune Duc de Sully : & en secondes nôces à Henri de Bourbon Duc de Verneüil.

VI. Claude du Puy Seigneur de saint Germain, épousa le 29. Septembre 1576. Claude de Sanguin, Maison trés-illustre, fille de Jacques de Sanguin, Seigneur de Livry, & de Barbe de Thou, fille d'Augustin de Thou Président au Mortier, Conseiller d'Etat d'Henri IV. & Garde de sa Biblioteque. Cette Maison est une des plus illustres de la Robe, comme on le voit dans le Livre des Hommes illustres.

Les enfans de Claude Sanguin furent Christophe du Puy, Prieur au Couvent de Rome ; Augustin du Puy Chanoine & Prevôt d'Ingray dans l'Eglise de Chartres, Clement du Puy Commissaire de l'Artillerie qui fut tué à la bataille d'Avein en 1636. laiſſant des enfans de Catherine de Longueval ſa femme; Marie du Puy mariée à Claude Genoud Sieur de Toulonges; Jacques du Puy Prieur de ſaint Sauveur & Garde de la Biblioteque du Roi: Pierre du Puy auſſi Garde de laditte Biblioteque, un des plus ſçavans hommes de ſon tems, & a compoſé pluſieurs ouvrages, & Nicolas qui ſuit.

VII. Nicolas du Puy Chevalier de Malte fut tué par les Turcs près de Faragoſſe en 1625.

Les Seigneurs de Gery & Loizey en Lorraine.

IV. Jean du Puy Seigneur de Gery envoyé de Lorraine en Cour de Rome, frere cadet de Geofroy du Puy, Seigneur de St. Germain, épouſa en 1430. Marion de Bauzey, Dame dudit lieu, fille de Henriet de Bauzey, Seigneur dudit lieu, & de Jeanne dé Houdelaincourt, maiſon de nom & d'armes.

Henriet de Bauzey eut une ſeconde fille appellée Jeanne de Bauzey, mariée à Jean de Gircourt, maiſon éteinte, ayant eû Jeanne de Gircourt, qui épouſa Nicolas de Rarecourt, maiſon auſſi éteinte dont elle eut Simon de Rarecourt, Sieur de Ville ſur-Couſance, marié à Claude de Stainville, fille de Claude de Stainville, & d'Helene de la Ruelle.

Les enfans de Jean du Puy furent Pierre du Puy, Chanoine de St. Pierre de Bar, où il eſt en ſtatuë, Didier, Jeanne morte fille, & pluſieurs autres.

Jean du Puy à ſon retour de Rome, accompagna le Duc René à Naples, à ſa priſe de poſſeſſion, qui le fit Conſeiller dans ſon Conſeil & Chambre des Comptes.

On prouve le filiation de Jean du Puy, fils de Hugues, & d'Antoinette de Chaſtelus, par un titre de fondation de trois Meſſes par ſemaine, fondées en ſa Chapelle de ſaint Pierre à Bar, érigée ſous le titre de l'Annonciation Notre-Dame en ladite Egliſe Collegiale, le 15. Avril 1488. avant Pâques. dont les deſcendans en ſont Collateurs par Lettres Patentes de René Duc de Lorraine, en faveur de Marion de Bauzey, Doüairiere de feu Honoré Seigneur Jean du Puy, qui en reglent le droit de Patronage, & Collation en faveur du plus proche parent, du 20. Decembre 1489.

L'alliance de Maryon de Bauzey avec Jehan du Puy, ſe prouve par une tranſaction faite entre Maryon de Bauzey Doüairiere de feu Honoré Seigneur Jehan du Puy d'une part, Didier, & Pierre du Puy Chanoine de ſaint Pierre à Bar, ſon frere touchant le doüaire de ladite Maryon de Bauzey leur mere, ſur le bien de leur pere, du 10. Mai 1487. paſſée pardevant Jean Godignon & Chriſtophe Lietard Notaires à Bar.

On voit par un Contract de Vente de certains Prez au profit d'Henriet de Bauzey Seigneur dudis lieu, & de Jeanne de Houdelaincourt, que Marion de Bauzey eſt dénommée leur fille, du 3. Octobre 1469. *Signé* Maſſarde, Servais.

V. Didier du Puy I. du nom, Seigneur de Gery & de Loizey, fils de Jean envoyé en Cour de Rome, & de Marion de Bauzey, épouſa en premieres nôces Margueritte de Revigny, fille de Guillaume de Revigny, & de Jeanne de Genicourt, Dame dudit lieu.

Guillaume de Revigny avoit encore une seconde fille nommée Claudette de Revigny, qui épousa Antoine de Clemery, Seigneur dudit lieu, de laquelle il eut Loüise & René de Clemery, qui épousa Françoise de Gournay, fille de François de Gournay, & de Françoise de Gronais, maison éteinte : & Loüise de Clemery épousa François de Tavagny, Bailli du Comté de Vaudémont.

La maison de Revigny est des plus anciennes. En 1280. vivoit Jean de Revigny, Bailly de Bar.

Les enfans de Margueritte de Revigny, furent François & Didier du Puy, Chanoine de saint Maxe de Bar.

Didier du Puy I. du nom épousa en secondes nôces Jeanne de Guillarmot, fille de Thomas de Guillarmot Seigneur de Mandres en partie, & de Jeanne de Mandres, fille de Jean de Mandres, Dame dudit lieu. Thomas de Guillarmot avoit une seconde fille appellée Nicolle de Guillarmot, qui épousa Jean de Failly.

Jean de Mandres Fondateur de sainte Croix, & frere de Jean de Mandres Commandeur de Xugney en Lorraine, eut deux filles, dont l'une épousa le pere maternel de Didier du Puy, & l'autre nommée Catherine, qui epousa Aubert d'Ourches & en ent Christophe, Claude, Chevalier de Rhodes, & Jean d'Ourches qui prit qualité de Seigneur d'Ourches, qui épousa Annelle de Receicourt dont il eut Robert & Catherine d'Ourches, mariée à Jean de Bar Seigneur de Vidampierre.

L'Acte d'Institution de la Chapelle de sainte Croix de Mandres aux quatre tours, est de l'an 1463. fondation qui a passée dans les maisons d'Ourches & du Puy, quoique les descendans de celle du Puy ayent perdu & negligé ce droit qu'ils avoient acquis de Jeanne de Guillarmot une de leurs ayeulles, suivant son testament, où elle déclare qu'elle donne un muit de froment à prendre sur son Gagnage de Rambucourt, pour la réparation de sa Chapelle de Mandres aux quatre tours. Elle donne aussi à l'Eglise de sainte Croix du Pont-à-Mousson, un Calice d'Or gravé de de ses armes, & une Nappe, dont elle entend que l'Autel de sa Chapelle soit couverte; elle rappelle aussi dans son dit testament dont elle laisse l'exécution à Didier du Puy son mary, fondateur en l'Eglise des Augustins de Bar; François du Puy son Beau-fils; Max du Puy son fils, & Margueritte de Varnencourt sa femme, & Didier du Puy aussi son fils, datté du 2. Aoust 1516.

Didier du Puy eut de sa seconde femme Maxe du Puy Seigneur de Loizey, qui épousa Margueritte de Varnencourt, fille de Jean, Seigneur dudit lieu, & sœur de Nicolle de Varnencourt, mariée à Pierre des Salles, dont elle eut Philippe des Salles Sieur de Gombervaux décedé fort riche en 1559. ayant part en 80. Seigneuries, qui épousa Renée de Haussonville, maison éteinte, fille de Gaspard de Haussonville, Bailli de Toul & de Nancy en 1529. & d'Eve de Ligniville.

Nicolle de Varnencourt étoit fille de Jean, & petite-fille d'Eustache de Varnencourt, & de Jeanne de Nancy, dite de Lenoncourt, fille d'André de Nancy, & d'Alix de Chardongnes Dame de Leymont, maison éteinte, & niéce d'Alix de Varnencourt, mariée à Jean de Savigny, fils de Guillaume de Savigny, & de Margueritte de Lenoncourt.

Fondation faite par Didier du Puy Sieur de

Gery le 28. Avril 1508. en sa Chapelle des Augustins de Bar, où ses armes sont peintes sur les fe-
nêtres de ladite Eglise. Les descendans de Didier
du Puy I. du nom, Sieur de Gery & Loizey, eu-
rent Procez avec les Augustins de Bar pour leur
faire tenir la fondation dont ils vouloient se sou-
straite ; mais il fut ordonné par Jugement rendu
le 27. Avril 1622. que les Messes seroient réduites
à trois hautes & trois basses de *Requiem* : sçavoir,
les jours de saint Humbert, saint Philippe & saint
Sebastien , & les lendemain les Messes de *Requiem.*

On prouve la filiation de Didier du Puy par un
titre de fondation d'une Messe solemnelle qui se doit
dire & célebrer à perpetuité, le neuviéme jour du
mois d'Avril, faite par Didier du Puy pour feu Honoré Seigneur Jehan du Puy, Seigneur de Gery, &
Damoiselle Marion de Bauzey ses pere & mere, en
l'Eglise paroissiale Notre-Dame de Bar , du 18.
Avril 1518. titre par lequel on voit que dès ce tems
Jean du Puy est qualifié d'Honoré Seigneur Jehan
du Puy Seigneur de Gery. Didier du Puy fit deux
fondations, l'une pour le repos de l'ame de Margueritte de Revigny, du 28. Juillet 1504. & l'autre
pour celui de Jeanne de Guillarmot sa seconde femme du 5. de Juin 1508.

Didier du Puy mourut en 1519. & fut inhumé
dans sa Chapelle des Augustins de Bar, laissant pour
successeur François qui suit.

VI. François du Puy I. du nom , Seigneur de
Gery, Loizey, Germonville, Dagonville & autres
lieux, Conseiller d'Estat & des guerres du Duc Antoine, fils de Didier I. du nom , & de Margueritte
de Revigny , épousa Mayon de Naves Dame de

Saulcy, sœur de Jean, de Claude & de Nicolle de Naves, Seigneur de Mars-la-Tour & d'Ecouviers, Président du Conseil de Luxembourg.

Nicolle de Naves épousa 1. Idron de Villers, & en eut 1. Marie de Naves, mariée à Henry de Luz, & en eut Claude de Luz, qui épousa Gaspard de Housse Sieur de Fermont & eut Nicolas de Housse, Claudine & Catherine de Housse.

De Nicolas sont descendus les Sieurs de Gorcy.

De Claudine les Sieurs Comte de Mercy, Chambellan de l'Empereur, & General de ses armées, & les Comtes Desarmoises d'Anderny & Boinville.

Jean de Naves Vice-Chancelier de Charles V. frere de Mayon, épousa Magdelaine de Chauffembourg, fille de Bernard de Chauffembourg & de Françoise de Brandebourg.

Claude de Naves troisiéme frere de Mayon de Naves, épousa Reine de Beuvanges, & en eut Antoinette qui épousa Paul Desarmoises, Seigneur d'Hannoncelle, dont elle eut Philippe Desarmoises marié à Claudette d'Alamont.

Jean de Naves, Conseiller d'Etat, épousa Barbe de Contrisson sans Hoire.

Nicolle de Naves épousa en secondes nôces Marthe de Cheynery, de laquelle il eut Jean de Naves, Géneral des Vivres de Charles V. qui épousa Salomée de Chauffembourg, & en eut Magdelaine de Naves, qui épousa Simon Rodolphe Comte de Schomberg, marié à N. Poplind, Princesse de Lobkovistz, & en eut Maxe & Emmanuël Comte de Schomberg, Maison de Duc & Pair de France.

Jean de Naves, Seigneur de Mars-la-Tour, épousa Margueritte de Naves.

Dans la maison de Lobkovitz on y remarque Vinceslas, Prince de Lobkovitz, Duc de Sagan en Silesie, & Chevalier de la Toison d'Or.

La maison de Naves est des plus illustres, & très-ancienne dans le Duché de Luxembourg : On voit dans Dom Calmet, que dès l'an onze cens, un des Naves est donné pour otage au Duc de Lorraine.

L'alliance de Mayon de Naves avec François du Puy I. du nom, est vérifiée par une Transaction du 28. Mars 1528. & par un partage fait entre Loüis & Didier du Puy freres d'une part, comme héritiers de feu Jean de Naves & de Margueritte de Naves son épouse, & cessionnaires de Nicolle de Naves, Chevalier Président du Conseil de Luxembourg leurs oncles, du 9. Janvier 1536.

Transaction entre les Sieurs Didier du Puy, & & Louis du Puy Seigneur de Dagonville freres, d'une part, & les Sieurs de Contrisson, Conseiller d'Etat de l'Empereur, & héritiers maternels de Jean de Naves à cause de Barbe de Contrisson leur mere, tant en leurs noms, que se portant fort de Nicolle de Naves & Claude de Naves leurs oncles, Contract passé à Bar le 25. Mars 1528.

Les enfans de Mayon de Naves furent Didier II. du nom qui suit ; Jean qui épousa Jeanne-Marie d'Anglure morte sans enfans ; Thomas du Puy, Seigneur de Dagonville, mort sans posterité ; Barbe & Loüis du Puy Seigneur de Germonville, qui épousa Barbe de Paviot, morte sans Hoires.

Barbe du Puy épousa Didier de Cardon, Seigneur de Vandelainville & de Vidampierre, dont elle eut Antoine de Cardon, Seigneur de Vidampierre, marié à N.... de Bar.

La filiation de François du Puy I. du nom est prouvée par son testament de l'an 1520. rapporté par Dom Calmet, où il est dit qu'il fut mandé du Duc René II. pour signer son testament. A Loupy le 25. Mai 1506. en qualité de son Conseiller & Secretaire d'Etat. Transaction entre les Sieurs de Failly, de Naves & du Puy du 15. Mars 1528. On voit aussi par ledit testament de François du Puy, qu'il fut mandé par le Duc Antoine, pour aller servir en la guerre qu'il eut contre les Généraux Frausdast & Gerolzek.

La derniere preuve qu'on rapporte pour justifier le dégrez de François du Puy, est l'Arrêt du Parlement de Paris, que ses descendans ont obtenu pour le droit de collation de leur Chapelle de St. Pierre à Bar, rendu en faveur de François du Puy I. du nom, qualifié d'Ecuyer & Seigneur de Germonville du 1. Aoust 1607. *Signé* du Tillet, Greffier au Parlement de Paris.

VII. Didier du Puy II. du nom Seigneur de Gery, Loizey, Germonville & de Dagonville, fils de François du Puy, épousa Philippe de la Mothe Dame de Fredo, fille de Jean de la Mothe, Seigneur de Marchinville & de Francheville, & de Jeanne de Briel, Dame de Petoncourt.

Jean de la Mothe eut de Jeanne de Briel fille d'Alberic de Briel & de Catherine de Hurault Dame des Voüeries d'Epinal, Blenod & Chaudenay Jeanne, Catherine, Philippe, Loüis & Agnés de la Mothe.

Jeanne de la Mothe épousa Jean de Rozieres & en eut Antoine de Rozieres, Seigneur de Sampigny & de Vezem, Président des grands Jours de Saint Mihiel, marié à Bonne de Magnicourt, & en eut

Charles de Rozieres, Seigneur de Sampigny, Vezein, Savonnieres & Chaudenay, Capitaine de Cavalerie, qui s'allia avec Marie du Puy Dame de Vaux, fille de Constantin du Puy, Gouverneur de Vaucouleur.

2. Catherine de la Mothe épousa Philippe le Prud-homme, Seigneur de Montheron, Conseiller d'Etat du Duc Antoine, par Patentes du 28. Janvier 1532. & en eut Jean le Prud-homme second du nom, qui épousa Rachel de la Fontaine.

3. Loüis de la Mothe Conseiller d'Etat en Lorraine, fils de Jean & frere d'Agnés, & de Philippe de la Mothe, épousa Catherine d'Avrillot, & en eut Jean de la Mothe Gentil-homme servant de Christienne de Dannemarck Duchesse de Lorraine, qui épousa Magdelaine de Tassigny, fille de Nicolas le Gouverneur Sieur de Tassigny Conseiller & Secretaire de l'Empereur Charles V. & de Françoise de Marbais, & en eut Catherine de la Mothe, mariée à Loüis-Charles de Mauléon, fils de Jean-Blaise de Mauléon, Sieur de la Bastide, Sénéchal du Barrois, & d'Antoinette du Châtelet.

4. Agnés de la Mothe épousa François d'Avrillot, Conseiller d'Etat & Président des Comptes de Bar, & en eut Barbe d'Avrillot, qui épousa Antoine d'Arquille, & en eut Antoine II. du nom, marié à Orphée de Galean, fille d'Antoine de Galean, qui épousa Renée de Ligniville, fille de Gaspard de Ligniville & de Renée d'Anglure.

La maison de la Mothe est des plus anciennes, comme on le voit par leurs Mausolez & Epitaphes, en leur Eglise des Augustins de Bar, dont ils sont fondateurs : & en l'an 1300. vivoit Guillaume de la Mothe.

Lettres de confirmation, foi & hommages pour l'acquet des Terres de Gery, Loizey, Germonville, & de Dagonville, renduës par Didier du Puy II. du nom au Comte de Vaudémont le 12. de Septembre 1553. signé Nicolas, par Monseigneur le Comte de Vaudémont, Tuteur & Administrateur des Terres, Biens & Pays de Charles Duc de Calabre, les Sieurs de Cousances, Bailli de Bar, Grand Gruyer de Lorraine.

On prouve l'alliance de Philippe de la Mothe avec Didier du Puy II. du nom, par une transaction faite entre Louis & Thierry de la Mothe freres; Jean de Rozieres, à cause de Jeanne de la Mothe; Philippe le Prud-homme, à cause de Catherine de la Mothe sa femme; & Didier du Puy, Tuteur Paternel de ses enfans, de feu Philippe de la Mothe sa femme, héritiers de deffunt Alberic de la Mothe leurs freres, homologuée à Bar le quatriéme Janvier 1554. *Signé* Poupart.

Philippe de la Mothe fut inhumée dans une des Chapelles de la maison du Puy aux Augustins de Bar, le 2. Février 1548.

Pension de Charles III. Duc de Lorraine, conferée à Didier du Puy, pour les bons & importans services que ses prédecesseurs & lui ont rendus à la Couronne du tems des guerres du Duc Antoine. *Signé* Christienne de Dannemarck, & Nicolas, Comte de Vaudémont, le deuxiéme Septembre 1550.

Didier du Puy est mort à Paris ruë de Veaugerard, Fauxbourg S. Germain, & fut inhumé à saint Sulpice, le 6. Août 1567. laissant de Philippe de la Mothe Gilles du Puy, Seigneur de Gery, qui mourut

rut à Paris âgé de vingt ans, & voulut être inhumé par humilité au Cimetiere de saint Etienne du Mont en l'an 1560. Jacques-Loüis du Puy tué Lieutenant pour le service de France, Loüis du Puy I. du nom qui suit, Capitaine du Regiment d'Esne; Elisabeth du Puy, morte fille; & François du Puy qui suit fit la branche des Seigneurs de Lezeville.

Les Seigneurs de Lezeville & Valzargues en Champagne.

VIII. François du Puy II. du nom, *Seigneur de Lezeville & Valzargues*, fills de Didier du Puy II. du nom, Seigneur de Gery, Loizey, Dagonville & de Germonville, Conseiller & Secretaire d'Etat de Charles III. Duc de Lorraine, par Patentes données par Christine de Dannemarck, Duchesse Doüairiere, & Nicolas Comte de Vaudémont, Tuteur du Duc Charles pour les bons & importans services que François du Puy son pere avoit rendus à René II. & au Duc Antoine, du 4. Mars 1545.

Contrat de Vente & Rétrocession faite par Roch Lescuyer à Didier du Puy, Seigneur de Dagonville, du 29. Mars 1552. *Signé* Colesson & Erard.

François du Puy II. du nom épousa Antoinette d'Ernecourt, fille du Baron de Thuilier.

Une fille de la maison d'Ernecourt nommée Barbe, épousa vers l'an 1600. Jean-Jacques de Haraucourt Sieur de saint Balmont, qui déceda en l'an 1644. Cette fille pouvoit être la petite niéce d'Antoinette d'Ernecourt qui épousa, comme on le voit plus haut, François du Puy.

B

François du Puy laiſſa d'Antoinette d'Ernecourt trois enfans, François qui ſuit, Conſtantin & Renée du Puy.

Renée du Puy épouſa Thierry de Magnicourt, Seigneur de Bouch, Baron de Meligny, & en eut Jean de Magnicourt, Seigneur de Bouch, Baron de Meligny, comme on le voit par un arrêt rendu en la Cour Souveraine contre ſon fils en faveur de François-Anne du Puy, le 5. Septembre 1705. où il eſt qualifié de Chevalier & de Baron de Meligny. Ce Jean épouſa Suſanne, Batonne de la Foſſe, fille de Corberand, Baron de la Foſſe, Seigneur de Jubainville & d'Andilly, Seigneur voüé de Toul, Gentilhomme ordinaire de la Chambre du Roi. Jean de Magnicourt eut de Suſanne, François de Magnicourt, Chevalier Seigneur de Bouch, Baron de Meligny, maiſon éteinte, marié à Claude de Fligny, Grand Fauconnier de Lorraine.

Conſtantin du Puy, Seigneur de Vaux, Gouverneur de Vaucouleur, épouſa le 25. Septembre 1575. Magdeleine, Baronne de Meligny, de laquelle il n'eut qu'une fille nommée Marie du Puy, Dame de Vaux, qui épouſa Charles de Rozieres, Seigneur de Sampigny, Capitaine d'une Compagnie de deux cens hommes, dont elle eut François & Etienne de Rozieres, Seigneur de Vezein, qui épouſa ſa Couſine Germaine.

La Maiſon d'Ernecourt eſt très-ancienne & illuſtre, comme on le voit par les alliances qu'elle a faites.

Barbe d'Ernecourt épouſa Jean-Jacques de Haraucourt, Sieur de ſaint Balmont, & déceda en 1644.

IX. François du Puy III. du nom, Seigneur de Lezeville & Valzargues, Gouverneur de Vaucouleur par Brevet du Duc de Lorraine, donné à Nancy le 12. May 1574. épousa le 26. Novembre 1698. Mahaut de Guerre, fille d'Eucaire de Guerre, Seigneur en partie de Lezeville & de Roncourt, & de Loüise de Comitin.

De ce mariage sortirent François IV. du nom, qui suit; Alexandre du Puy, tué au siege de la Rochelle; Loüis du Puy, Seigneur de Lezeville, Capitaine dans Bourlemont, tué à Rothville; & Claude du Puy.

Claude du Puy épousa Jean Deschamps, Chevalier Seigneur de Riël & de Roncourt, dont elle eut François Deschamps, Chevalier Seigneur de Riël, maison qui a donné Pierre Deschamps, Chevalier de Malthe, Capitaine dans le Regiment de Picardie.

La filiation de François du Puy II. du nom, Seigneur de Lezeville, se prouve par la foy & hommage qu'il rendit au Duc de Lorraine pour les droits qu'il avoit dans la Seigneurie de Gery, qui lui étoient échûs par la mort de Didier du Puy son pere, du 12. Decembre 1572. *Signé* Bonnet.

On prouve aussi celle de François du Puy III. du nom, Seigneur de Lezeville & Valzargues, Gouverneur de Vaucouleur, par son contrat de mariage du 26. Novembre 1598. *Signé* Duplessis, Notaire en la prevôté de Vaucouleur, entre François du Puy, Gouverneur de ladite Ville, assisté d'Honoré Seigneur Chevalier, Seigneur de Malpierre, Gentilhomme ordinaire de la Chambre du Roi, d'Honorée Dame Claude de Choiseüil sa femme, & d'Honoré Seigneur David du Puy, Chevalier Sei-

gneur de Bouch., Seigneur voüé de Toul, Lieutenant Colonel du Regiment de Chaligny, Ecuyer
de la Princesse Henriette de Lorraine, Princesse de
Phalsebourg, ses cousins, & Damoiselle Mahaud de
Guerre son épouse, fille d'Euchaire de Guerre,
Seigneur de Lezeville en partie, & de Louïse de
Comitin, assisté de Claude de Guerre, Seigneur
de Roncourt, & de puissante Dame Françoise d'Anglure, veuve d'Honoré Seigneur Chrétien de Choiseüil, Baron de Beaupré.

X. François du Puy IV. du nom, Seigneur de Lezeville, Valzargues, la Neufville-aux-Bois, & de
Villeneufe-au-Fresne, Capitaine dans le Regiment
de Bourlemont, fils de François du Puy, Gouverneur de Vaucouleur, épousa Antoinette de Cousin,
fille de Nicolas, & de Damoiselle Magdelaine
Yon.

En 1595. vivoit Claude de Cousin, Chevalier
de Malthe, qui porte d'Azur à trois molettes d'é-
perons d'Or.

Les enfans de François du Puy IV. du nom,
Capitaine dans le Regiment de Bourlemont, furent Antoine du Puy qui suit; Roch du Puy dont
je parlerai, François du Puy, Seigneur de Valzargues, Claudine & Catherine du Puy.

Contract de mariage entre Honoré Seigneur
François du Puy IV. du nom, Seigneur de Lezeville, Valzargues & autres lieux, Capitaine dans le
Regiment de Bourlemont, assisté de Jean Deschamps, Chevalier Seigneur de Riël, son beau-
frere, & d'Honoré Seigneur Antoine du Puy, Chevalier Seigneur de Valzargues, Capitaine au Regiment de Crequy, son frere, & de Damoiselle Antoinette Cousin, du 29. Avril 1641. *Signé* Roüyer.

XI. Antoine du Puy, Chevalier Seigneur de Valzargues, Capitaine au Regiment de Crequy, épousa Anne de Vézon, fille de Jean de Vézon, Seigneur de la Motte & de Brechainville, & de Gabriël de Berthilleville.

Contrat de mariage entre Honoré Seigneur Antoine du Puy, Chevalier Seigneur de Valzargues, assisté de François du Puy, Chevalier Seigneur de Lezeville, & de Roch du Puy ses freres, & de Damoiselle Anne de Vézon, son épouse, fille de Jean de Vézon, Seigneur de la Motte & de Brechainville, & de Damoiselle Gabriëlle de Berthilleville, *Signé* Prevôt, Notaire en la Prevôté de Grand, du 14. Août 1651.

Antoine du Puy eut d'Anne de Vézon deux enfans, François & Anne du Puy.

XII. François du Puy V. du nom, Chevalier Seigneur de Valzargues, Capitaine de Cavalerie, tué à la bataille de Fleurus en 1691. Ainsi finit la branche de Valzargues ; Anne du Puy, Dame de Valzargues mourut dans son château, âgé de 20. ans & quelques mois, en 1689. & les Biens de cette Maison ont passés dans celle des Seigneurs de Lezeville.

XI. Roch du Puy, Chevalier Seigneur de Lezeville, la Neufville-aux-Bois, & de Villeneufe-au-Fresne, fils de François du Puy IV. du nom, Capitaine au Regiment de Bourlemont, épousa Marie d'Ardennes, fille de Nicolas d'Ardennes, Chevalier Seigneur du Bois-le-Comte & de Villacourt, premier Commandant du Regiment d'Orleans, & de Barbe du Puy Dame de Jubainville, fille de Loüis Baron du Puy, Seigneur de Jubainville & de Bouch, premier Capitaine d'Infanterie pour le service du

Roy, qui lui avoit offert un Regiment en récompenſe de ſes ſervices. Loüis du Puy fut fait du depuis Colonel pour le ſervice du Duc de Lorraine.

Roch du Puy laiſſa de Marie d'Ardennes Nicolas Baron du Puy, Seigneur de Villeneufe ; Marie du Puy, qui épouſa N…. de Cirfontaine, Marquis de Germay ; Loüis du Puy qui ſuit, & Anne du Puy mariée au Sieur de Soühême.

XII. Loüis Comte du Puy I. du nom, Seigneur de Lezeville, la Neufville-aux Bois, & de Villeneufe-au-Freſne.

Les Seigneurs de Gery, Loizey & de Bouch voüés de Toul en Lorraine.

VIII. Loüis du Puy I. du nom, Chevalier Seigneur de Gery, Loizey, Germonville, & Dagonville, Capitaine du Regiment d'Eſne, fils de Didier & de Philippe de la Mothe, Dame de Fredo, épouſa le 13. Juin 1566. Nicolle née Comteſſe de Pouilly, fille de Gerard Comte de Pouilly, Baron d'Eſne, Gouverneur de Chaſtel, & de Margueritte Baronne de la Vaulx.

Gerard Comte de Pouilly eut de Margueritte 7. enfans, Marie, Jeanne, Nicolle, Erard Chevalier de Malthe, Nicolas, Catherinne & Nicolas Comte de Pouilly.

1. Marie de Pouilly épouſa Jean de Cheriſey en 1619. vivoit René de Cheriſey, Chevalier de Malthe, & Commandeur de Châlon ſur Saône.

2. Nicolas Comte de Pouilly épouſa Françoiſe de Maillard, Baronne de Lendes, maiſon éteinte, & en eut Alexandre Comte de Pouilly Sieur d'I-

nor, qui époufa Anne de faint Bauffant, maifon
éteinte, fœur de Jeanne de faint Bauffant, mariée
à Claude de Beauvau, Seigneur de Manonville, &
en eut Daniël Comte de Pouilly Sieur de Petoncourt, Gouverneur de Conflans en Baffigny, qui
époufa Baptifte de Jacquelin, de laquelle il eut Catherine de Pouilly, mariée à Nicolas Comte de Ligniville, Baron de Vanne.

3. Jeanne de Pouilly époufa Georges du Hautoy, & en eut Guillaume du Hautoy Sieur de Ville
en Unepure, qui époufa Anne de Houffe, dont il
eut Georges du Hautoy, marié à Blanche de Len-
dres.

4. Catherine de Pouilly époufa Robert de
Houffe, & en eut Gerard de Houffe, Baron de
Vatronville, maifon originaire du Duché de Juil-
liers.

5. Nicolas de Pouilly époufa Anne de Mon-
treux, & en eut Philippe de Pouilly, Chambellan
de Charles IV. marié par contrat du 20. Mars 1590.
à Heléne de Cuftinne.

6. Erard de Pouilly Chevalier de Malthe en
1572.

En 1397. vivoit Aubertin Comte de Pouilly,
Sieur d'Inor & Mantincourt, qui époufa Jeanne
de Berouart & en eut Aubertin II. du nom en
1419. qui époufa Ermenfon de Sainte Maure,
maifon qui a donné des Chevaliers de Malthe, entr'autres Charles & Loüis de Sainte Maure, Chevaliers de Malte, Ermenfon de Sainte Maure laiffa Aubertin III. du nom en 1447. marié à Poin-
cette de Vualle, & fut pere d'Aubertin, de Colars
& de François de Pouilly, qui s'allia en 1471. avec
Charlotte de Payant, la fucceffion duquel étant

mort fans enfans fut partagée entre Colars & François fes freres, en l'an 1468.

François époufa Lize du Four, & Colars Comte de Pouilly, Baron d'Efne époufa Françoife de Manteville dont font fortis Gillet Comte de Pouilly, qui époufa Margueritte de Failly, fille de Thomas de Failly, & de Loüife du Hautoy, & Gerard Comte de Pouilly, Baron d'Efne, Gouverneur de Châtel fur Mofelle, marié, comme j'ai déja dit plus haut, à Margueritte Baronne de la Vaulx, fille d'Erard, Baron de la Vaulx, Seigneur de Gironcourt, Capitaine à Châtel fur Mofelle, & de Barbe Démarche.

En 1694. vivoit le Comte de Pouilly, Marquis de Vervins, Brigadier d'Infanterie, ci-devant Lieutenant Colonel du Regiment de Champagne, reçû en ladite année Chevalier des Ordres du Roy, Cordon Bleu.

Contrat de mariage entre Honoré Seigneur Loüis du Puy, Seigneur de Gery, Loizey, Germonville & autres lieux, Capitaine du Regiment d'Efne, affifté d'Honoré Seigneur François du Puy, Seigneur de Lezeville & Valzargues fon frere, & d'Antoinette d'Ernecourt, Baronne de Thuilier fa belle-fœur, & de Nicolle Comteffe de Pouilly, affifté d'Honoré Seigneur Gerard Comte de Pouilly, Baron d'Efne, Gouverneur de Châtel, & d'Honorée Dame Margueritte de la Vaulx, fes pere & mere, affiftée d'Honoré Seigneur Nicolas Comte de Pouilly, Seigneur d'Inor fon frere, de Catherine de Pouilly fa fœur, & d'Honoré Seigneur Robert de Houffe, Baron de Vatronville. Datté du 13. Juin 1566.

On prouve la filiation de Loüis du Puy par un

Contrat d'échange fait entre Loüis & François du Puy, Seigneur de Lezeville son frere, du 1. Juillet 1563. *Signé* Breton & Viriot, & par une appretiation des maisons sises à Bar, de la succession de Didier du Puy leur pere, du 14. Juillet 1575. Titre par lequel on voit que Loüis du Puy son fils est qualifié de Chevalier Capitaine du Regiment d'Esne. *Signé* Galinois, Lestoc & Larinot.

Arrêt du Parlement de Paris, qui résoud les differends de Loüis & de François du Puy freres, au sujet des partages de la succession de Didier du Puy leur pere, du 14. May 1575.

Contrats de Vente pour Loüis du Puy, Seigneur de Gery, Loizey & Dagonville, & Nicolle de Pouilly sa femme, l'un du 17. Decembre 1574. *Signé* Erard, Notaire, & l'autre du 23. Janvier 1578. *Signé* Camus.

Les enfans de Nicolle, Comtesse de Pouilly furent Philippe du Puy, tué Enseigne au Siege de Stenay, pour le service d'Henry II. en Octobre 1591. David qui suit, & Eve du Puy, Dame de Loizey, qui épousa Jean de Bouvet, Ecuyer, Grand Gruier de Bar, & laissa François de Bouvet.

Loüis du Puy I. du nom est mort à Paris le 4. Juin 1580. & fut inhumé aux Augustins de ladite Ville, le lendemain Dimanche, laissant la Garde noble de ses enfans à Nicolle de Pouilly son épouse, tutrice de ses enfans; David, Philippe & Eve du Puy, titre par lequel on voit que Loüis est qualifié de Chevalier, par contrat passé par devant les Notaires Jurés au Tabellionage de Bar, *Signé* Laurent Jenon, & Gervais Pounot, le 30. Octobre 1581.

La maison de Pouilly eſt originaire d'Allema-gne, d'anciens Comtes fort illuſtres, comme on peut le voir dans le ſimple crayon des maiſons de Lorraine & de Bar, par le ſieur Mathieu Huſſon.

IX. David du Puy Chevalier Seigneur de Gery & de Bouch, Seigneur voüé de Toul, Lieutenant des Chevaux-Legers de la Garde de l'Archiduc Leopold, Lieutenant-Colonel du Regiment de Chaligny, Ecuyer de la Princeſſe Henriette de Lorraine, Princeſſe de Phalſebourg, épouſa en premieres nôces en 1590. Florimonde d'Aucy, fille d'Henri d'Aucy & de Florimonde de Quilly, fille de Henri de Quilly, Colonel au ſervice de Charles IV. & d'Eliſabeth de Naves, laquelle Eliſabeth étoit fille de Claude de Naves & de Claude d'Ailly, maiſon illuſtre en France.

David du Puy, Seigneur voüé de Toul, épouſa en ſecondes nôces le vingt-deuxiéme jour de Janvier 1594. Margueritte née Baronne de la Foſſe, fille de Nicolas, Baron de la Foſſe, Seigneur de Jubainville & de Bouch, Seigneur voüé de Toul, Gouverneur de ladite Ville pour Sa Majeſté Imperiale, & de Catherinne de Noirel, Dame de Chaudenay, fille de Nicolas, Seigneur de Domgermain, Maître Echevin de la Ville de Toul, & de Jeanne de Villiers.

Nicolas Baron de la Foſſe eut de Catherinne 4. enfans. 1. Corberan Baron de la Foſſe, Seigneur de Bouch, Jubainville & d'Andilly, Seigneur voüé de Toul, Gentil-homme ordinaire de la Chambre du Roy, qui épouſa Agnés de St. Vincent fille de Claude de S. Vincent, Seigneur de Sorcy, & de Catherine de Toulongon.

Cette maison est du Duché de Bourgogne : il y a dans cette maison Antoine de Toulongon, Chevalier de la Toison d'Or.

1. Corberand de la Fosse eut d'Agnés de S. Vincent trois filles. 1. Barbe qui épousa Jean de la Rouëre, maison très-illustre dans le Piémontois, & en Italie. 2. Catherine qui épousa Jean d'Anglure, Seigneur de Petoncourt; Et 3. Marie Baronne de la Fosse mariée à Charles Eudes de Beaucavillier, Lieutenant de Roy de Thionville & de Marienbourg, Gentil-homme ordinaire de la Chambre du Roy. Cette maison est originaire de Normandie.

2. Catherine de la Fosse épousa Jacques, Baron Vallée, Seigneur dudit lieu & de Vraincourt, Lieutenant de Roy de Toul, & en eut Corberand Jacques Baron de la Vallée, Lieutenant de Roi de Toul, qui épousa Anne de Bras, dont il eut Philippe de la Vallée, Baron d'Eschenay, Bailly de Toul.

3. Susanne de la Fosse épousa Jean de Magnicourt Baron de Meligny, dont la maison est éteinte.

En 1564. vivoit Robert Eudes du Diocese d'Evreux, Chevalier de Malthe.

On prouve la filiation de David du Puy premierement par son contrat de mariage du 22. Janvier 1594. scelé de cire verte du Sceau de ses armes, par trois lettres que Nicolle Comtesse de Pouilly sa mere lui écrivit, dattées de Bardes 13. Fevrier 1583. 26. Mai 1584. 14. Mai 1586. & par une autre lettre de Monsieur de Savigny Léymont, Bailly de Bar, adressée à David du Puy, Seigneur de Bouch, Seigneur voüé de Toul, par laquelle il est prié de se trouver à la convocation des Etats assemblés à Bar, par ordre de S. A. Monseigneur le

Duc de Lorraine le 26. Avril 1603. dattée du 19. Avril de cette année. Secondement, par un Bail du Four-Banal de Gery du 2. Avril 1607. par David du Puy à Claude Vannerot ; & enfin par une autre du 18. Janvier 1617. où il est qualifié de Chevalier Seigneur de Bouch, Seigneur voüé de Toul, Lieutenant Colonel du Regiment de Chaligny, Ecuyer de la Princesse Henriette de Lorraine.

On lit dans le cinquiéme livre des antiquitez de la Gaule Belgique par Vasbourg en la vie de l'Evêque Jacques cinquante-huitiéme Evêque de Verdun, fol. 375. Richier Baron de la Fosse prit pour arbitre d'un differend entre l'Evêque & la Cité de Verdun pour ledit Comté en 1234.

Ce Richier, Baron de la Fosse, II. du nom, Seigneur de Jubainville, épousa Mariette du Hautoy, qui fut enterrée dans l'Abbaye de Saint-Mihiel, laissant de Richier Aubriot de la Fosse, qui épousa Ancelle de Batilly, fille de Gerard-Robert de Batilly, & de Nicolle ou Colette de Chaumont, & sœur de Felice de Batilly, mariée à Alexandre de Chauffour, maison de nom & d'armes, Barrois non mouvant sous la Châtellenie de Stenay.

Les enfans d'Ancelle de Batilly furent Richier de la Fosse III. du nom marié à Isabel Boileau Dame de Pont sur Mâdon, Trisayeux de Nicolas Baron de la Fosse, II. frere de Richarde, qui épousa Catherine de Noirel, fils de Nicolas Baron de la Fosse, & d'Anne de Bouch Dame dudit lieu & de Jubainville, mariée en secondes nôces à Jacques de Bouzey, Seigneur dudit lieu d'Amblain & du Four saint George, prouvé par un contrat d'échange du 18. Avril 1570. où elle est dénommée Dame de Bouch, comme on le voit fur fon épitaphe aux Cordeliers de Toul.

Il eſt prouvé que Nicolas Baron de la Foſſe eſt fils de Nicolas I. du nom, Seigneur de Jubainville, Seigneur voüé de Toul, & d'Anne de Bouch, maiſon de nom & d'armes, par le denombrement des Terres & Fiefs de Bouch, Bois-le-Comte & Domgermain, qu'il dit avoir hérité en partie par le décès d'Anne de Bouch ſa mere, du 18. Janvier 1605. Fait & ſcellé au tréſor de Nancy des armes de Nicolas Baron de la Foſſe II. du nom, & de David du Puy ſon gendre.

Richarde de la Foſſe, ſœur de Nicolas Baron de la Foſſe, II. du nom, Seigneur voüé de Toul, épouſa Joſeph de Naves, & en eut Marie de Naves, qui épouſa Claude de Bouzey, Ecuyer Seigneur dudit lieu, d'Amblin & du Four St. George, & en eut François de Bouzey, aîné de cette maiſon, dont celle du Puy a hérité des titres, concernans cette alliance.

Teſtament de Conſtantin du Puy, Seigneur de Vaux, Gouverneur de Vaucouleur, par lequel il nomme David du Puy Seigneur voüé de Toul, ſon couſin, exécuteur teſtamentaire du 4. May 1594.

4. Margueritte Baronne de la Foſſe, épouſa David du Puy Seigneur voüé de Toul, Lieutenant des Chevaux-Legers de la Garde de l'Archiduc Leopold, Lieutenant Colonel du Regiment de Chaligny, Ecuyer de la Princeſſe de Phalſebourg, qui après pluſieurs campagnes en Flandre & en Allemagne, mourut à ſon retour à Chatenoy ou à Ste Croix, proche de Sainte Marie aux Mines en Decembre 1610. laiſſant de Margueritte Baronne de la Foſſe François Baron du Puy II. du nom qui

fuit ; Loüife, Catherine du Puy , mortes filles dans le château de leur pere.

Loüife & Claudette du Puy furent religieufes du Tiers-Ordre à Toul.

Nicolas du Puy , Chevalier Seigneur de Bouch , tué Lieutenant au fervice de France.

Loüis Baron du Puy , fixiéme enfant de David , Seigneur de Jubainville & de Bouch , Colonel pour le fervice du Duc de Lorraine , époufa en premieres nôces Catherine de faint Loup , Dame de Vandiere , & en fecondes nôces Claudette Marquife de Rancher , fille de Claude Marquis de Rancher , Seigneur de Lagitonniere & d'Anne née Comteffe de Boihier , Baronne d'Orfeüile le 14. Novembre 1627. niece de Nicolas Comte de Boihier , Baron d'Orfeüile , premier Ecuyer de S. A. Monfeigneur le Duc de Lorraine , qui époufa en fecondes nôces Margueritte Baronne de la Foffe , Doüairiere de David du Puy.

Claude de Rancher avoit encore une feconde fille appellée Catherine Marquife de Rancher , Dame de Lagitonniere , niece du Baron d'Orfeüille , que Charles de Bourbon Comte de Soiffons & de Dreux , Pair & Grand-Maître de France , fils puîné de Loüis I. du nom , Prince de Condé , époufa en premieres nôces , & en eut Charlotte de Bourbon Abbeffe de Maubuiffon , morte en Octobre 1626. & Catherine de Bourbon Abbeffe de la Perinne : il époufa en fecondes nôces , Anne Comteffe de Montafié , & en eut Loüife de Bourbon mariée à Henry d'Orleans Duc de Longueville en 1617.

La maifon de la Foffe eft originaire du pays de Tréves , d'anciens Barons fort illuftres , qui depuis l'an 1300. a donné plufieurs Maîtres Echevins de Metz & de Verdun.

La maifon de Rancher eft des plus anciennes & illuftres. En 1613. vivoit Julien de Rancher, Gouverneur de la Baftille, Lieutenant General de l'artillerie des armées du Roy, pour les Provinces de l'Ifle de France, Languedoc & Bretagne. Ce Julien avoit pour frere Antoine de Rancher, Seigneur de Montauger, Monceau, Modreau & Pezé, qui fe rendit recommandable par plufieurs négociations importantes, & l'un & l'autre rendirent des fervices confidérables à l'Etat, fous les regnes de Charles IX. & d'Henry III. comme il paroît par l'éloge qu'en fait Mezeray dans fon hiftoire de France. Ils defcendoient de René de Rancher, tué au fiege de la Rochelle en 1500. ayant un commandement de diftinction, ainfi qu'on peut le voir dans les hiftoires de la Popeliniere, de Thou, & d'Aubigné, qui en font mention comme d'un Gentil-homme d'une très-illuftre maifon.

Loüis Baron du Puy mourut à Jubainville le 1. de Janvier 1679. & laiffa de Claudette de Rancher Barbe du Puy, dont je parlerai aillieurs; Loüis du Puy, Prélat & Prieur du Neuf-château; & Catherine du Puy, niece defdites Dames de Bourbon, qui fut Dame de la Perinne.

On voit par toutes ces grandes alliances que la maifon du Puy a pû dans tous les tems donner non feulement des Chevaliers de Malthe, mais encore des Dames de Chapitre. Telle étoit Catherine du Puy, qui avoit fait fes preuves, mais qui en fut détournée par la Princeffe Catherine de Bourbon fa tante, qui voulut l'avoir auprès d'elle, & la fit Dame de fon Abbaye Royal de la Perinne.

Foy & Hommages rendues au Duc Henry.

Reprises des Terres de Bouch & Gery, faites par Jean Bouvet Ecuyer Gruyer de Bar, comme Tuteur des enfans mineurs de David du Puy, le 9. Octobre 1612. *Signez* Henry; Par S. A. le Sieur Baillivy, Maître des Requêtes ordinaire. Bouvet.

On verra à la fin de cette Genealogie une lettre de la Princesse Henriette de Lorraine, écrite à David du Puy son Ecuyer, avec une de Charles III. Duc de Lorraine, à Didier du Puy son Bisayeul.

Les Barons & Comtes du Puy.

X. François Baron du Puy II. du nom, Seigneur de Bouch, Parois, St. Julien, Dombasle, Jubainville & de Domgermain, Seigneur voüé de Toul, Capitaine d'une Compagnie de deux cens hommes, pour Sa Majesté Imperiale, épousa le 4. Fevrier 1627. en premieres nôces Margueritte de Dombasle, fille de Pierre de Dombasle, Seigneur dudit lieu & de Chasoy, & de Marie de Rozieres, fille de François de Rozieres, Seigneur de Chaudenay & de Mont Heron.

Pierre de Dombasle eut de Marie de Rozieres cinq filles; Elisabeth de Dombasle épousa Jean-Charles de Ronchault, Seigneur dudit lieu, de Chasoy & de Tailliancourt; Renée de Dombasle épousa Jean-Jacques de Ronchault Seigneur de Chasoy, Gentilhomme ordinaire de Monseigneur le Prince François de Lorraine; Margueritte, comme je le viens

viens de dire, épousa François du Puy, & les deux autres furent Religieuses.

De ce mariage sortirent Claude Antoine du Puy Chevalier, tué Cornette au Regiment de la Ferté, Pierre-François, Gabriël-Anne, Jacques Baron du Puy, Marie, Loüis, Claude & Catherine du Puy.

Marie du Puy, Dame de Dombasle & de St. Julien, épousa Antoine de Thevenin, Ecuyer Colonel de Cavalerie, pour le service de l'Empereur, Gouverneur & Capitaine de Hatton Châtel.

Claude-Catherine du Puy, Dame de Parrois, épousa Nicolas de Gondrecourt, Capitaine dans le Regiment de Thevenin, fils du premier Président de Lorraine, Ministre d'Etat & Colonel d'un Regiment de son nom, pour le service du Duc de Lorraine.

Partage fait entre les Honorés Seigneurs & Dames Jean-Charles Seigneur de Ronchault, & Elisabeth de Dombasle son épouse, Honoré Seigneur François du Puy, Chevalier Seigneur de Bouch, Domgermain & Jubainville, Seigneur voüé de Toul, fondé de procuration d'Honorée Dame Margueritte de Dombasle son épouse d'une part, & d'Honoré Seigneur Jean-Jacques de Ronchault, Chevalier Seigneur de Chasoy & de Talliancourt, Gentilhomme ordinaire de Monseigneur le Prince François de Lorraine, & René de Dombasle son épouse, touchant la démission des Biens d'Honoré Seigneur Pierre de Dombasle, Chevalier Seigneur dudit lieu, & de Marie de Rozieres leurs pere & mere. Passé à Toul le 5. Fevrier 1630. *Signé* F. Jacob & Florentin.

Partage des Biens de Haut & de Puissant Seigneur

Nicolas Baron de la Foſſe, Seigneur voüé de Toul & de Jubainville, Gouverneur de ladite Ville, & de Catherinne ſon épouſe, aux Honorés & Illuſtres Seigneurs Francois & Loüis Barons du Puy; Seigneur de Jubainville & de Bouch, premier Capitaine d'Infanterie pour le ſervice du Roi, du 4. Mars 1623.

Contrat d'échange fait entre les Honorés & Illuſtres Seigneurs Corberand Baron de la Foſſe, Seigneur voüé en partie de la Ville de Toul, Seigneur de Jubainville, Andilly, Bouch, Pont ſur Mâdon, Domgermain & autres lieux, Gentilhomme ordinaire de la Chambre du Roi, & François Baron du Puy Seigneur de Parrois, Dombaſle, ſaint Julien, Bouch en partie, Jubainville & autres lieux, Seigneur voüé de Toul Capitaine d'une Commpagnie de deux cens hommes pour ſa Majeſté Imperiale, le 16. Septembre 1624. *Signé* J. Hebert & Daſſincourt.

Acquêt fait entre les Honorés Seigneurs Loüis & François Baron du Puy, Seigneur de la Terre & Gagnage de Clairey, au Comté de Vaudémont, appartenant à Honorée Dame Anne de Naves, veuve relictive de feu le Sieur Nicolas Dumont, vivant Ecuyer réſidant à Ormes, tant en ſon nom qu'au nom du Sieur Michel Dumont Ecuyer ſon fils du 22. Janvier 1620. *Signé* J. Hebert.

Procuration donnée par Honorée Dame Catherinne Baronne de la Foſſe, veuve Doüairiere de défunt Honoré Seig. Jacques de la Vallée, Chevalier Seigneur dudit lieu, à Honoré Seigneur François Baron du Puy, Seigneur de Jubainville, ſaint Julien, Dombaſle, Parrois, Domgermain, Bouch & Seigneur voüé de Toul, pour aller traiter du

mariage efperé d'entre Damoifelle Anne de Bras,
& le Sieur Corberand Jacques de la Vallée, Baron
Dechainé, Bailly de Toul, Lieutenant de Roi de
laditte Ville fon fils, du 26. Mars 1629.

Je dirai en paffant qu'il n'eft guéres de maifon
en Lorraine qui ait plus fouffert du fleau de la guerre
que celle du Puy : que du tems de la pefte elle fut
obligée de fauver fes titres dans des faux-greniers,
dont les filles fe font emparées des plus confiderab-
bles, & les ont porté dans des familles étrange-
res.

Partage du 4. Mars 1623. *Signé* Martinot & la
Fauche, entre Loüis & François du Puy , où il eft
dit que Margueritte Baronne de la Foffe leur mere
fait ceffion des Biens de David du Puy leur pere, à
la réferve de fon doüaire, du dernier Aouft 1619.
Signé Hebert.

François Baron du Puy , Seigneur de Bouch ,
Parrois, faint Julien, Dombafle , Jubainville &
Domgermain , Seigneur voüé de Toul, Capitaine
d'une Compagnie de deux cens hommes pour Sa
Majefté Imperiale , ayant Brevet de Lieutenant Colonel, époufa en fecondes nôces le 21. de Juillet
1664. Catherine d'Ardennes, fille de Georges d'Ardennes, Chevalier Seigneur de Villacourt & de
Bois-le-Comte, Confeiller d'Etat du Duc de Lorraine, par patentes du 18. Fevrier 1619. *Signé* Henri
& plus bas Royer, Secretaire d'Etat.

Georges d'Ardennes eût de Jeanne de Verquelot, Dame de Bois-le-Comte, trois enfans; Nicolas, Margueritte & Catherinne d'Ardennes.

Nicolas d'Ardennes I. du nom, Chevalier Seigneur de Villacourt & de Bois-le-Comte, premier
Commandant du Régiment d'Orleans, époufa

Barbe du Puy, Dame de Jubainville, & en eut Nicolas d'Ardennes II. du nom, Chevalier Seigneur de Jubainville & Pennerot en partie, Capitaine de Cavalerie, marié à Catherine de la Tour, fille de Jean Comte de la Tour, & de Marie-Anne Dame de Jubainville.

De ce mariage sont sortis Jean-Baptiste d'Ardennes; Catherine, Nicolas, Charles-François & François d'Ardennes.

2. Marguerite d'Ardennes épousa Nicolas de Courcol, Ecuyer Seigneur de Vandierres, & en eut Anne de Courcol, Dame de Vandierres, morte fille unique.

3. Marguerite d'Ardennes épousa François du Puy dont j'ai parlé, & mourut à Toul le 4. Decembre 1672. âgée de trente-quatre ans; on la rapporta de Toul à saint Julien, où elle fut inhumée le 6. dudit mois devant l'Autel de la Vierge.

Foy & Hommages rendues au Roy, par François Baron du Puy, le 16. Janvier 1681.

Reprise & dénombrement fait par ledit François en la Chambre Royale à Metz, de ses Terres de saint Julien & de Jubainville, du 6. Juin de ladite année, collationné *Signé* Fagnier.

Commission de Sa Majesté Imperiale d'une Compagnie de deux cens hommes, avec Brevet de Lieutenant Colonel, donné à François du Puy, du 9. Mai 1631.

François Baron du Puy testa à Toul en 1688. & fut inhumé à l'Abbaye de Saint Mihiel le 6. Avril 90. âgé de 94. ans 2. mois, laissant de Catherine dennes, Dame du Bois-le-Comte, François-

Anne Comte du Puy qui suit ; Antoine Hiacinthe Baron du Puy, Seigneur de saint Julien & Domgermain, Capitaine des Gardes du Roi Auguste de Pologne, mourut à Leipsic en 1706. après la bataille de Fraustatz, François tué Cornette pour le Service de Sa Majesté Imperiale.

On verra à la fin de cette filiation en quelle distinction étoit la maison du Puy, dès l'an 1566. par les lettres des Princesses de Bourbon, celles de la Princesse Henriette de Lorraine, & de Charles III. Duc de Calabre.

XI. François Anne Comte du Puy III. du nom, Seigneur de Bouch, Jubainville, Domgermain, Avrinville, & Wascourt, un des plus anciens Conseillers d'Etat de Feu S. A. R. de glorieuse mémoire, Président du Conseil de Monseigneur le Prince de Vaudémont, Chevalier de l'Ordre ancien du St. Esprit de Montpellier, épousa Catherine, Dame de Jubainville, fille de Charles de Jubainville, Chevalier Conseiller d'Etat de Charles IV. & de Marie de Millet, Dame de Houdelaincourt, fille de François, Ecuyer, Famille originaire de Verdun.

Charles de Jubainville, neveu de François de Jubainville Grand Louvetier du Barois, eut de Marie Dame de Houdelaincourt sept enfans ; entr'autres François - Charles de Jubainville, Seigneur de Thillombois, qui épousa Loüise d'Aspremont, & en eut trois enfans ; Charles de Jubainville, Chevalier Seigneur de Thillombois, Sous-Lieutenant des Chevaux-Legers de S. A. R. Jean-Baptiste de Jubainville, Chevalier, Lieutenant de Dragons au service du France, & Loüise de Jubainville morte fille.

2. Marie-Anne de Jubainville épousa Jean, Comte de la Tour, Seigneur de Savonniere, & en eut

Jean Comte de la Tour II. du nom, Seigneur de Savonnierre, qui époufa Anne de Roüard, & en eut Loüife-Anne & François Comte de la Tour.

3. Margueritte de Jubainville époufa Jean d'Armur, Seigneur de Gerbeville, dont elle eut Jean Gabriël & Nicole d'Armur qui époufa Henri Comte de Salins & de Lamezan, Seigneur de Lefle, Chambellan de S. A. R. & en eut plufieurs enfans, entr'autres Gajetan, Charles, Comte de Lamezan, Seigneur de Lefle, Capitaine pour le fervice de Sa Majefté Imperiale, marié à Catherine Comteffe de Kannoki.

4. Henriette de Jubainville époufa Loüis Comte d'Iffoncourt, Marquis d'Effiat & de Toucy, & en eut N.... Comte d'Iffoncourt, Marquis de Toucy, Meftre de Camp pour le fervice du Roy.

On prouve la filiation de François-Anne Comte du Puy, titré par S. A. R. le 18. Juin 1720. par fon contrat de mariage du 28. Aouft 1688. par Patentes de Leopold I. Monfeigneur le Duc de Lorraine, pour la Seigneurie de Domgermain, du 23. Septembre 1724. par celles de Confeiller d'Etat du 1. de Juillet 1713. & celles de Préfident du Confeil de Monfeigneur le Prince de Vaudémont, du 5. Septembre 1721. à la reception duquel un Poëte compofa ce dyftique.

ILLUSTRISSIMO DOMINO FRANCISCO ANNÆ COMITI PUTEANO, Regiæ Suæ Celsitudinis a Secretioribus Serenissimis a Consiliis in Suprema Principatus Commerciensis Curia Præsidi Dignissimo.

Sedibus extorris, noftras, Aftræâ revifens
Præfide te, Superum deferet ipfa polum.

De François-Anne du Puy sont sortis François Gabriël Abbé du Puy.

2. Charles-Antoine Comte du Puy, Seigneur d'Avrinville.

3. Nicolas-Claude-Etienne Baron du Puy, Seigneur de Wascourt, mort le 8. Mars 1726.

4. François du Puy Chevalier, mort le 23. Mars 1709.

5. François-Joseph Chevalier Seigneur de Bouch, mort en 1698.

Charles-Francois du Puy, Chevalier Seigneur de St. Julien, fils aîné de François-Anne Comte du Puy, mourut le 17. Aoust 1690. & fut inhumé à l'Abbaye de saint-Mihiel.

7. Catherine du Puy morte le 3. Decembre en 1698.

8. Marie Baltazar du Puy, née le 28. Octobre 1698. Religieuse aux Urselines de Commercy.

Loüis-Joseph du Puy qui suit, fut tonsuré par l'Evêque de Bethune son allié, le 31. Mai 1719. quitta la tonsure, & prit le titre de Comte le 15 Avril 1730.

Marie-Theresse du Puy epousa le 28. Janvier 1716. Alexandre Comte d'Amerval, Seigneur de Rouy, Brûle, Morchain, Poüilliancourt & Moligneaux, Capitaine de Dragons au Regiment de la Mestre de Camp General de France.

De Marie-Theresse du Puy sont sortis Catherine-Anne d'Amerval, Theresse, Angelique, Françoise & Gabriël Comte d'Amerval, maison ancienne en Picardie, dont un descendant appellé Jean d'Amerval prit qualité dès l'an 1406. de Haut, Puissant, & de Redouté Seigneur, comme on le voit dans l'imprimé de Picardie, touchant la noblesse de cette Province.

XII. Loüis-Joseph Comte du Puy, II. du nom, Seigneur de Domgermain, Avrinville & Wascourt né le 19. Janvier 1705.

Preuves de seize Quartiers.

I. François-Anne du Puy, reçû Chevalier de Justice de l'Ordre ancien du Saint Esprit de Montpellier, dit de Sainte Marthe, par Patantes du 12. Juillet 1693. fils de François du Puy, Seigneur voüé de Toul & de Catherine d'Ardennes, fille de Georges d'Ardennes, fondateur de deux Chapelles en l'Eglise paroiſſialle de Châtel ſur Moſelle, dont la collation doit appartenir à la Maiſon du Puy, faute d'enfans mâles, de la part des Sieurs d'Ardennes, par contrat du 1. Mars 1620.

II. Georges d'Ardennes épouſa Jeanne de Verquelot, fille dë Loüis de Verquelot, Conſeiller d'Etat en Lorraine, & de Margueritte de Petitgot, fondatrice d'une Chapelle en l'Eglise des Dominicains de Toul, du 15. Septembre 1616. dont la nomination doit revenir, par la même raiſon que ci-deſſus, à la Maiſon du Puy.

Loüis de Verquelot étoit fils de Thomas de Verquelot, Ecuyer, & de Jeanne de Virion, Dame de Thois. 14. Ladite Margueritte de Petitgot étoit fille de François de Petitgot, Ecuyer, & de Nicolle Noirël, Damé de Bois le Comte. 16.

Georges d'Ardennes étoit fils de Charles d'Ardennes, Seigneur de Bois le Comte, & de Loüiſe du Rutz, mariée par contrat du 14. Aouſt 1594. fille de Georges du Rutz, Ecuyer Grand Gruier de Châtel, & de Margueritte Bourgeois, dont les peres ont fondé l'Autel Paroiſſial de ſaint Epvre à Nancy. 12.

Charles d'Ardennes, fils de François d'Ardennes II. du nom, Seigneur de Bois le Comte, qui teſta le 10. Avril 1557. & d'Antoinette Cogney.

A l'égard des Quartiers Paternels, je les passe icy sous silence, en ayant suffisamment parlé dans le cours de cette filiation.

LETTRE DU DUC DE CALABRE,
Lorraine, Bar & Gueldres,

Au Sieur du Puy Conseiller d.Etat, à Paris.

NOTRE AME' ET FEAL,

Nous envoyons presentement à Paris, notre amé & féal Conseiller Philippe Prud-homme, pour plusieurs nos affaires, concernans notre service; & entre autres, nous lui avons donné charge vous faire entendre chose de notre part pour notre service; sur quoi vous lui ajoûterés foy; en satisfaisant à ce, nous ferez service fort agréable: de quoi nous avons trés-bonne confidence, pour la bonne affection qu'avez toûjours eu au bien de nos affaires; & à tant prions le Créateur, vous avoir notre cher amé & féal, en sa sainte garde. A Vezelise au 26. Mars 1566.

Signé CHARLES. Et plus bas, MERLIN.

LETTRE DE LA PRINCESSE HENRIETTE
De Lorraine, Princesse de Phalsebourg,

A David du Puy son Ecuyer.

VOus ne devez point être en peine du discours que l'on vous a rapporté, ni craire legerement

que je m'impose jamais à prendre mècontentement de
vous. J'ay à me loüer du prossedé que vous avez toûjours tenu à mon servisse, se quay m'oblige au ressen-
timent que je dois. Assurez-vous que je vous le feray
pareftre en tout ce qui se presentera d'occasion. Te-
nez-moi pour la meilleure de vos amyes.

HENRIETTE de Lorraine.

*Nous sommes en grande affliction issy pour le Par-
lement de son Altesse, qui n'a pü demeurer davan-
tage avec honneur ni sûreté de sa vie.*

LETTRE DE LA PRINCESSE
Catherinne de Bourbon,

A Monsieur du Puy Parrois, à Verdun.

Monsieur mon Cousin,   Ce m'est
un extrême contentement de me sçavoir en
votre souvenir, vous honnorant comme je fais, vous
êtes assurés que je ne vous oublie point, & que je
touche avec passion l'honneur de vous voir, pour vous
assurer de l'estime que je fais de votre merite, &
vous dire que je suis de tout mon cœur, de ma Cousine votre femme & de vous,

Trés-affectionnée Cousine, &

Servante CATHERINNE de Bourbon

Abbesse de la Perinne.

LETTRE DE MADAME LA PRINCESSE
Catherine de Bourbon, Abbesse de la Perinne.

A Monsieur du Puy Parrois, à Toul.

Monsieur mon Cousin, *La croyance* que j'ay que vous me faites la faveur de m'aimer, m'oblige de vous assurer aussi de mon affection à vous servir ; l'éloignement n'a jamais, ny n'aura de pouvoir de me faire oublier des personnes à qui je touche de sang ou d'alliance. J'espere que quelques-jours les effets le feront mieux connoître que les paroles ; j'en rechercherai toûjours les occasions avec soin : Je vous supplie de le croire, & de me continuer vos bonnes graces dont je fais beaucoup d'estime. Vous n'en ferez jamais à personne qui soit plus que moi,

Votre très-affectionnée Cousine & Servante, CATHERINE de Bourbon, Abbesse de la Perinne.

Le 8. Fevrier 1680.

LETTRE DE LA PRINCESSE CATHERINE
de Bourbon, Abbesse de la Perinne.

A Monsieur du Puy, Seigneur de Parrois, à Bar.

Monsieur mon Cousin, *Je ne* puis que je ne reçoive un déplaisir extrême de la perte de mon Oncle & de ma Tante, tant pour le regret que j'ai de ne les avoir sçû voir avant leur mort, que pour la perte que fait toute la famille, & particulierement ma Cousine votre Belle-sœur, qui est eloignée de nous, & en un pays étranger. J'espere que vous lui serez de si bon naturel, qu'elle aura sujet de se consoler en sa perte : C'est de quoi je vous conjure, & de croire que si je puis approcher ma demeure de Paris, comme l'on me fait esperer, mon dessein est de vous témoigner à tous par mes services & par mes soins combien je vous affectionne, & vous obliger de croire que je prens autant de part en tout ce qui vous touche que vous-même. Si Dieu nous fait la grace d'avoir la paix, j'espere voir mon Cousin & ma Cousine, je me promets que vous & ma Cousine votre femme serez de la partie. Je vous en convie, & de me croire véritablement tous deux,

Votre très-affectionnée Cousine & Servante, CATHERINE de Bourbon.

LETTRE DE MARGUERITTE BARONNE
de la Fosse, Doüairiere de David du Puy.

A Monsieur du Puy de Barrois, mon Fils, dans son Château à saint Julien.

MOn Fils, je vous prie ne faillir de venir au festin de Nous, de Monsieur votre Frere Monsieur d'Orfeüille vous en prie, & votre frere aussi ; & si ma chere fille votre sœur peut souffrir le Carosse, je lui envoyerai le mien, ou je la prie, si ell peut venir, d'en loüer un, mes chevaux étant trop las, je le payerai. Ne manquez pas de venir, ou je ne vous aimerai plus. Je suis, Mon cher Fils,

Votre Mere plus affectionnée à jamais.

MARGUERITTE de la Fosse.